Te bwauti ni mwane ae bua

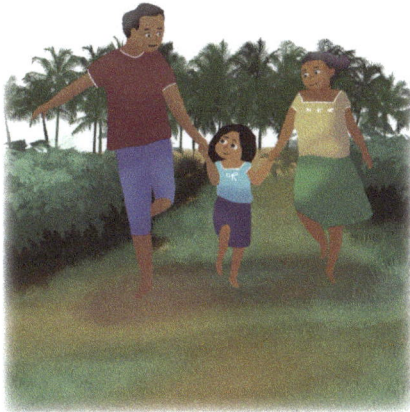

Te korokaraki iroun Maiee Aare

Te korotaamnei iroun John Maynard Balinggao

Library For All Ltd.

E boutokaaki karaoan te boki aio i aan ana reitaki ae tamaaroa te Tautaeka ni Kiribati ma te Tautaeka n Aotiteeria rinanon te Bootaki n Reirei. E boboto te reitaki aio i aon katamaaroaan te reirei ibukiia ataein Kiribati ni kabane.

E boreetiaki te boki aio iroun te Library for All rinanon ana mwane ni buoka te Tautaeka n Aotiteeria.

Te bwauti ni mwane ae bua

E moan boreetiaki 2022
E moan boreetiaki te katootoo aio n 2022

E boreetiaki iroun Library For All Ltd
Meeri: info@libraryforall.org
URL: libraryforall.org

Te korotaamnei iroun John Maynard Balinggao

Atuun te boki Te bwauti ni mwane ae bua
Aran te tia korokaraki Aare, Maiee
ISBN: 978-1-922918-44-4
SKU02383

Te bwauti ni mwane ae bua

Kaengkaong bon te teeinnaine ae nimaua ana ririki ao e maamaeka i rarikiia tibuna. E reireinaki anua aika raraoi Nei Kaengkaong irouia tibuna.

N okina n reirei n te taina, ao
e kunea te bwauti i rarikin
te kawai.

E ingainga nanona ni kan kaukia ao n nooria bwa teraa kanoana.

E a kaukia ao e a noora te
mwae ae raneanea ao
te kiing i nanona.

E taratara nako ni kakaaea bwa antai ana bwauti ma akea te aomata ae nooria n nakonako.

E okirikaaki nakoia tibuna Nei
Kaengkaong ao e anganiia
te bwauti ao ni karakina aron
kuneakina.

E ienikuri tibuna te unimwaane n nikira te bwauti n te oonibureitiman.

A karabwarabwa bureitiman nakon te teeinnaine ao a karabwaia tibun Nei Kaengkong.

A kukurei tibun Nei Kaengkaong ao a kamoamoaa tibuia n anuana aika raraoi.

Ko kona ni kaboonganai titiraki aikai ni maroorooakina te boki aio ma am utuu, raoraom ao taan reirei.

Teraa ae ko reiakinna man te boki aio?

Kabwarabwaraa te boki aio.
E kaakamanga? E kakamaaku?
E kaunga? E kakaongoraa?

Teraa am namakin i mwiin warekan te boki aio?

Teraa maamaten nanom man te boki aei?

Karina ara burokuraem ni wareware
getlibraryforall.org

Rongorongoia taan ibuobuoki

E mmwammwakuri te Library For All ma taan korokaraki ao taan korotaamnei man aaba aika kakaokoro ibukin kamwaitan karaki aika raraoi ibukiia ataei.

Noora libraryforall.org ibukin rongorongo aika boou i aon ara kataneiai, kainibaaire ibukin karinan karaki ao rongorongo riki tabeua.

Ko kukurei n te boki aei?

Iai ara karaki aika a tia ni baarongaaki aika a kona n rineaki.

Ti mwakuri n ikarekebai ma taan korokaraki, taan kareirei, taan rabakau n te katei, te tautaeka ao ai rabwata aika aki irekereke ma te tautaeka n uarokoa kakukurein te wareware nakoia ataei n taabo ni kabane.

Ko ataia?

E rikirake ara ibuobuoki n te aonnaaba n itera aikai man irakin ana kouru te United Nations ibukin te Sustainable Development.

libraryforall.org

www.ingramcontent.com/pod-product-compliance
Lightning Source LLC
Chambersburg PA
CBHW040319050426

42452CB00018B/2925